Lk⁷ 2736

DISCOVRS

SVR VN MIRA-
CLE FAICT PAR LE S.
Sacrement en l'Eglise de nostre
Dame de Fauuainey Ville de la
Franche-Comté de Bourgongne
en ceste annee 1608. enuiron le
iour de la Pentecoste.

A PARIS.
De l'Imprimerie de Pierre Ménier, portier
de la porte S. Victor.

Auec permission.
1608.

A TRES DIGNE PRELAT
Monseigeur le General de L'ordre de la sainte Trinité & redemption des captifs.

Onsieur ce petit discours conceu & enfanté soubz & par l'abondance de vos faueurs voulant audacieux d'une si honorable cause s'effectuer à la veue des hommes vray resultat de vos liberalitez & de mes obligatiõs m'a esmeu debuãt ainsi qu'à tous autres s'adresser à vous qui estes son principe, vous supplier d'estre son but & son asile: comme vous daignez m'estre digne object non seulement de tous les debuoirs d'un bon religieux mais de vray nourrisson & de tresobligé & affectionné seruiteur: chose que ie desire aussy instamment que de vous voir au comble de toute prosperité pourquoy ie suis & seray à iamais monsieur.

Vostre tres-humble Orateur.

I. D. G.

A ij

DISCOVRS SVR VN MIRA-
CLE FAICT PAR LE SAINT SA-
crement en l'Eglise de nostre Dame de
Fauuaincy Ville de la Franche-Comté
de Bourgongne en ceste année 1608. le
iour de la Pentecoste.

Eluy duquel la toute puissance dés le commencement, tira des thresors du rien, l'admirable machine de tout le monde, changea en serpent vif vne verge seche, la femme de Loth en pierre, les eaux d'Egipte en sang, les vapeurs & autres quint'essences de leau & de la terre en viāde tresdouce, tira des sources viues d'vn rocher, feit enfanter à vne Vierge son filz vnicque, conuertit l'eau en vin pur; & pour perfectiō de ses meruilleux faictz *transsubstantia* le pain & le vin en son corps & sang tresprecieux pour la vie du monde : voyant d'vn œil à qui rien ne peut estre caché conbien sont louches & bigles ceux de nostre chair en la cognoissance de ses misteres incomprehensibles à ceux qui manquent d'vne foy solidement affermie sur les propos de la verité, & cognoissant combien d'hommes par le discours de la raison humaine qu'ils ne veullent (disent ils) captiuer soubs la persuasion d'vne chose qui ne leur est sensible s'enfonceroient es abysmes de l'incredulité, outre les tesmoignages d'vne infinie multitude de personnages de marque, ausquels il a donné authorité en l'Eglise, a neantmoins voulu pour la consolatiõ des fideles, la consolidation des douteux, la conuersion des mescroyans, & la confusion des obstinez seeller de seaux irreprochables & à tousiours irrefragables ce qu'il nous a proposé de croire soit escrit ou non.

Or ces seaux sont les miracles, que les aduersaires de verité & de l'Eglise tiennent maintenant de sorte hors de propos & de possibilité qu'ils lient (ou le voudroient volontiers) les mains à Dieu croiant qu'il n'en faut plus, qu'il ne s'en faict plus & que ceux qui comme esclats d'vn brislant rayon de la toute puissante bonté du supréme agent de toutes choses viennẽt a leur offusquer de leur notice les yeux malades de leur heresie, & esclairer parmi les brouillars de leurs mensonges, ne sont rien autre que fantosmes, illusions & impostures: clapissans comme matins apres la pierre de touche qui les touche au vif & les descouure estre renards Esopiques, qui dedaignent d'vn haussebec ces fruicts tres agreables de nostre asseurance comme auortez de leur propre saison, & ce pour cause seulement qu'ils ne peuuent & ne doi-

uent en produire, car le mensonge, quelque sem-
blance de la verité qu'il rapporte, ne peut immediatement receuoir sauf conduict par les mains
du tout puissant, autrement il nous deceuroit s'il
employoit en sa faueur les miracles qui pour ne
sortir presque en effect que par dessus le cours
ordinaire de la nature, ne sont employez que
pour destruire le blaspheme confondre le mensonge, & les mensongers, & maintenir en la
croyance des humains la foy des choses qui sont
asseurement & reellement vrayes, mais voilees de
quelque manteau visible & palpable, pour la com-
modité des sens de nostre corps comme est celuy
tres-glorieux auec le sang tres-precieux de nostre
sauueur Iesus-Christ soubs les especes du pain &
du vin en la saincte Eucharistie contre laquelle vn
tas d'hommes esceruelez clabaudét sans cesse l'ap-
pellant sacrifice de Bachus le Dieu de paste, & de
dix mille noms de calomnie qu'ils deriuent aussi
contre les Catoliques d'vn gosier tout cimenté
denuié & de malice les contrenommant Idolatres
impies & resueurs mais tout cela ne sert que pour
faire paroistre de quel esprit leur difforme refor-
mation prend son commencement, son origine &
sa deffence, car l'Euangile iamais n'eut de tels
ministres & iamais n'est croyable qu'vne loy plá-
tée auec le pistolet ressemble seulement de bien
loing a celle que Iesus-Christ luy mesme & ses
Apostres auec la mendicité l'humilité, la paix & la
mansuetude, ont heureusement prouignee par le

monde.

    Or demanderoy-ie volontiers à ces nouueaux Euangelistes, en quelle partie du monde donc maintenant dieu peut estre vrayment adoré puisque par toute la terre habitable le S. Sacrifice de la Messe est fort religieusement celebré & que ceux sont tenus par eux infideles qui nourris des rapsodies de l'Alcorā ne la celebrēt point du tout. Entre eux peut estre? Ouy, mais les Lutheriens (ô que ces mots de sectes sont vn grand argument pour l'Eglise Catholique!) au iugement des caluinistes Zuingliens & autres sont Idolatres, car ils recognoissent au sainct Sacrement de l'Autel reallement & de faict le corps & sang de Iesus-Christ, jaçoit quils opiniatrisent que le pain & le vin y restent substantiellement, ce qui est faux. Entre les caluinistes donc? rien moins, car comme pourroit estre Dieu vniquement bien par eux honoré qui luy rauissent la plus belle fleur de sa couronne, la toute puissance, quils redigent en tout & par tout au petit pied: outre plus de faisant menteur, trompeur, charlatan, voire mesme fils du diable: ore nyant quil puisse estre quau ciel & par consequent non en l'Eucharistie sur terre, ore quil ayt dit vray quand il a dit: ie ne vous parleray plus par paraboles, cecy est mon corps, ma chair est vrayment viande &c. ou cherchant des sens spiritualisez en la moralité de ces tres expresses parolles sainctes desquelles ils veulent lier la pure interpretation & entente à dix mille resueries qu'ils forgent autant ridicules qu'ils sont eshontez & ignorants: Ore luy imputant par conséquence necessaire de sa iustice qu'ils nous font estre propres, les péchez des hômes si tenacement qu'il est force de le qualifier l'outrepassé des pecheurs le fils du diable l'esclaue du peché l'obiect & le subiect de l'indignation du supreme vangeur de l'vniuers Dieu le pere tout puissant.

Car puis qu'ils veulent que soyons iustes & tels appelez par sa iustice imputatiue & qu'en la mesme sorte qu'ils la nous imputent nos péchez luy ont esté propres, il s'ensuit par eux qu'il doit estre dit tel que dessus nos péchez luy donnant denomination comme ils entendent que sa iustice la nous donne, ce qui est grandement absurde, en quoy non seulement ils le degradent & denigrent mais aussi en anichilant ou blasonnant ce qu'il a personnellement estably ou immediatement faict establir par son Egise ça bas comme la reste des sacrements en nombre de cinq qu'ils detestent pour n'admettre que le Baptesme & la cœne, laquelle ils n'ont encor' qu'en nuage. Où sera donc maintenant le cult, la latrie & la souueraine adoration du createur de toutes choses? les Payens ne l'ont pas, les huguenotz ne l'ont pas. Il faut donc puisque Dieu dés le commencement a tousiours esté adoré par quelques vns vrayement & selon son plaisir voire que le monde ne pourroit subsister sans ces conditions pour lesquelles il a esté créé, & que les Catholicques Apostolicques & Romains

Romains sont ceux, ausquels il a transferé sa benediction, sa bien veillance, sa loy & son Royaume: l'ayent comme de faict. Mais poursuiuant nostre dessein deschargeons en passāt la verité de nostre foy de ceste calomnie d'idolatrie, & monstrons aussi clair que le iour, cōme reellement, substantiellement, indubitablement le precieux corps & sang de nostre sauueur apres la consecration est contenu soubz les especes du pain & du vin, en la saincte Eucharistie, & par concomitance Iesus-Christ entierement & totallement.

Il est notoire par les sainctes escritures combien Dieu s'est rendu seuere punisseur de ceux, qui deferoient son honneur aux choses creées, cōme ferions au pain, & au vin, si le dire des aduersaires portoit autant de verité que d'impudence, & cependant depuis enuiron seize cens ans que l'on n'a cessé de dire la saincte Messe: offrir ce sacré sainct & non sanglāt sacrifice, adorer Dieu present en la saincte Hostie consacree: Il ne se treuue que pas vn en ayt esté puni, que pas vn des saints personnages (oracles & temples du sainct Esprit) en ait faict plainte comme iadis, les Prophetes: ains tout au contraire, ont faict ce que faisons & le nous ont appris, s'y addonnant eux mesmes auec tant de feruenr que rien plus; chacun d'eux esprouuant à par soy en mesme temps que quiconque mange le corps & boit le sang de Iesus-Christ (ie ne redoute pas d'vser de ces propres motz car ils sont significatifz) a encor' faim, a encor' soif,

B

voire n'a plus ni faim ni soif, c'est à dire est tellement affriandé de ceste supernelle delicatesse qu'il n'a rien à goust que ce pain, la nourriture des ames, & que ce vin qui germe les Vierges, dit quelqu'vn. Aussi n'ont ils faict sinõ s'escrier auec profõde admiratiõ & sans cesse: ô terrible & incomprehensible mistere! ô sacré sainct banquet! n'en osant parler qu'auec tres grande reuerence, à limitation du texte saint qui n'en dit rien, quelque part que ce soit sans vn epithete ou pronom d'excellence & moings en osant approcher qu'auec crainte et frayeur, hũblemẽt deuote: tesmoing S. Honoré Euesque d'Amiẽs, lequel n'osant de soymesme prendre la sacree cõmunion la receut miraculeusement par la main d'vne Image de Iesus-Christ qui estoit depeint sur l'Autel où il celebroit. Persõne dis-ie n'est morte pour estre ainsi idolatre, mais trop bien pour à la façon de dix mille Ozas n'auoir esté respectueux ou dignes accepteurs comme les Philistins, d'vn si terrible & maiestueux hoste, car qui le reçoit indignemẽt reçoit en luy son iugement. I'adiouste aussi qu'il seroit faux que Iesus-Christ eust à sa venue aboly l'idolatrie comme il estoit expressément prophetizé & depuis tresbien accompli ce que le diable mesme confessa aux consulteurs d'Auguste, ne parlant ia plus par tout ailleurs. Il est donc vray que ne sommes idolatres comme crient ceux qui par leur folle opiniõ taschent priuer Dieu de son honneur, les saints & les Anges bien-heureux de leur gloire & de leur ioye, les defu̅cts de leur soulas & consolation & les viuants de leur pain spirituel. Mais ce n'est point encore assez, il faut pour apporter chose qui batte en ruine ceste imposture & les opinions erronnees des aduersaires touchant la realité & verité de la saincte Eucharistie, prouuer comme le precieux corps & sa̅g de Iesus-Christ & Iesus-Christ mesme est auec nous au sainct Sacrement, iusques à la consommation du monde: ce que i'espere faire briefuement par les sainctz escriptz, la raison & l'authorité des miracles. Premierement par les mots de la consecration rapportez par trois Euangelistes & par l'Apostre qui nous sert de quatriesme, & par le Chapitre sixiesme de sainct Iean l'interpretation duquel faicte par quelques huguenotz ne m'esmeut que peu ou point. Secondemét par le consentement vniuersel de tous les peres, la croyance de l'Eglise, les canons des Conciles œcumeniques. Selon lesquels ie concluray que Dieu est reellement en la saincte Eucharistie: car comme dit mesme Luther en l'Epistre à ceux de Strasbourg l'Escriture est trop expresse touchant ceste verité pour pouuoir luy desroger en rien, ceste conclusion est estayée du tesmoignage & des deffeces des doctes Theologiens, tant prisques que modernes lesquels en tout & par tout tousiours semblables au vray le confirment & ne sont treuuez y manquer sinon entant que les deprauez deprauent le sens de leurs liures & les font tomber absens en contrauentions & contradictions d'eux mesmes, car semblables à vn tyran qui fut iadis, ils tirēt les nerfs & allongissent les passages qui sont trop cours comme cestuy, les hommes en sō lict de fer, tronquent ceux qui sont trop longs & ne quadrēt à leurs dessein, tirent le nez aux traictables & bref s'affustent sur ceux qui leur semblent solides & habillent les autres à leur mode, d'où vient que ne pouuant corrompre le tout sans estre descouuerts & repris de trop pres ilz rendent ceux qui ne manquerent iamais de foy si soupçonnez qu'ils seroyent indignes qu'on leur en adiousta iamais aucū pour|icy dire & la dedire si la fraude ne paroissoit plus euidéte qu'elle n'est dommageable: telle est la nature des meschants, mais la verité demeure quoy qu'il en soit, selon l'arrest de sa maiesté toute puissante laquelle a dit sās fard, sās autre entéte que celle qui d'abordade se presente à comprendre. Mangez cecy est mon corps, beuuez voicy le calice de mon sang, & ailleurs ma chair est vrayement viande, & qui mange ma chair & boit mon sang &c. Toutefois la verité auprés de ceux qui ne la veullent escouter n'est pas verité: mais son contraire, c'est pourquoy si quelque raison leur reste il leur en faut trier vn eschantillon en ceste sorte.

La saincte Eucharistie a esté designee au vieil testamēt par la māne qui se changeoit en l'appetit de celuy qui la mangeoit representant toute sorte de delicatesse & n'estoit neantmoins que la figure, De mesme aussi par l'Agneau des pasques lequel estoit premierement creature plus excellente que le pain, creature viue di-ie & toute d'vne autre achoison que ce que nous auons, ores selon les huguenots, mais l'vn & l'autre requierét que leur prothotype soit quelque chose écor° de plus excellent ce qui ne pourroit estre, donc est il necessaire que comme il à esté propherizé verifié, creu, & tesmoigné, Iesus Christ soit au saint sacrement reellement & de faict auec tout ce qui suit sa diuinité, ou bien que la figure ait le dessus de la chose figuree ce qui n'est, ny vray, ny vray semblable, principallement en cecy qui sort immediatement de l'expresse volóté voyre diray-ie de l'inuentió du tout sçauāt. L'on respondra peut estre qu'il n'est pas besoing que l'archetype responde de tous points à son ombre ce que i'accorde, quant aux qualitéz qui portét defaut, mais quant à celles, dont procede quelque excellence ie dy qu'il faut non seulement qu'il l'égale, mais aussi le surpasse de bié loing sans qu'il soit subiect au reste de ne passer plus outre en d'autres par exemple de donner & produire de sa propre vertu en vn subiect disposé la grace efficace à la beatitude, de faire des miracles comme faict la saincte Eucharistie pour preuue de laquelle, apres quelques autres nous en rapporterons vn de fraische date au mieux que faire se pourra selon le fidele rapport qu'en auons par tesmoings que l'on dit Attiques.

B iij

Ie ne sçay en l'escole de qui pourroient auoir esté nourris ceux lesquels refuseroient de croire ce qui auroit pour son asseurance, & sa confirmation la parole de dieu, la croyance vniuerselle & vnanime de la pluspart des hommes & la raison, sinō parmy ces resueurs, qui reduisolēt l'estre reel des choses à l'estre rationel des folles opinions qui bigarrēt le bigearre cerueau des humains ou plustost parmy les irraisonnables, & les brutes mesmes, voire non pas encor', car tout leur est indifferent, mais soubs la ferule de la malice mesme de satan qui sçachant tres-bien, & croyant en depit de ses dents, veut toutefois que les siens pour estre le rebut tres-extreme de toute seruitude & de tout mal'heur ou plustost le principe du mensonge n'aient de volonté que pour ne vouloir pas comme luy leur bien & la verité, que si encor' de surcroy à telles asseurāces, l'experience eschet, où est le moyen d'appeller hommes ceux qui desmentiront leur sens.

Or nous auons auec elles l'experience aussi laquelle peut estre particuliere & interieure en chacun alors de la reception de ceste saincte & sacree vlande mais de ceste cy les insensibles, & insensez mescreans pour n'en auoir eue peut estre la iouissāce n'en croyrōt rien. C'est pourquoy nō passerons à celle qui est plus euidente & vniuerselle pour auoir esté ou veue ou experimentée de plusieurs en mesme instant.

Premierement personne ne debat que Iudas n'ait receu auec les autres Apostres vne parcelle du pain (dõt Iesus-christ auoit dit peu au parauãt, cecy est mon corps) trempé dans le vin qu'il auoit de mesme asseuré estre son sang mais soit remarqué, comme Sainct Iean dit qu'incontinent apres la sumption d'iceluy le diable s'empara de luy ia coulpable par son consentement de la tentation que premierement il luy auoit fourré au cœur & le fit creuer en fin de depit & de desespoir. Or si c'eust esté du pain & du vin simplement en quelque estat de son ame qu'il l'eust peu recepuoir sain du corps comme il estoit il luy eust seruy de nouriture & n'eust causé si terribles effects conformemẽt au dire de, Sainct Paul aux Corinth. chapitre vnziesme.

On me dira q̃ le mesme arriua à Osa qui osa seulement toucher l'arche de l'alliance qui n'estoit que de bois & par consequent que le pain l'a peu en Iudas. Ie respons que Dieu estoit present en ladite arche ainsi qu'il l'auoit promis quand il les commanda faire non pas toutes-fois corporellement ou à la façon qu'il est au Sainct Sacrement & pour ce subiet il estoit aussi illicite, de la toucher sinon aux prestres & non aux leuites simples ou autres profanes sur peine de mort comme d'aprocher de la montagne de Syna, quand Dieu y tonnoit & esclairoit pour nous donner sa loy & d'ailleurs que ceste mort ne fust que corporelle en la punition de ceste temerité & pour estre figure de la spirituelle de Iudas & des indeuots enuers la saincte Eucharistie & les sainctes reliques où de ceux qui sans estre appellez, auec les huguenots s'ingerent en l'intelligece des misteres de l'Eglise, Voyla donc vn effect de la realité du precieux corps, & sang de Iesus-Christ en l'Eucharistie que i'appelle vrayement miracle pour auoir en S. Pierre causé vne si grande charité qu'il s'estoit resout de mourir auec son saueur, & en ce traistre d'ailleurs mal en estat, vne si iuste punition qu'ayant trahi en son ame interieurement le precieux corps, & sang de Iesus Christ à ses pechez, & par apres efficacement aux Iuifs ses conspirez, de se pendre, & de soy mesme prendre la vangeance de son forfaict en ce monde, pour la recepuoir de son instigateur en l'autre tousiours, & à tousiours.

Or ce miserable ne croyoit pas, non plus que les Capharnaites & nos anti-Apostoliques q̃ telle fut la verité comme la verité mesme l'auoit dite & affermee en sa presence mainte fois par les termes que les Catholiques ont retenus pour forme essentielle de ce sacré sainct mystere. Mais nous auons ouy ce qui luy en arriua parlons de ceux qui ont douteux chancellé en la foy de ce tant admirable & incomprehensible secret.

A Viterbe certain prestre disant la messe, tout prest a predre ce venerable sacrement vint à douter si le pain qu'il voyoit pouuoit estre la chair de Iesus-Christ & en ceste perplexité selõ la coustume me continuant de faire la fraction, soudain commença le sang à distiller sur le corporeau, de sorte que de blanc qu'il estoit il deuint presque tout teint de couleur pourpree, laquelle il a esté ipossible depuis de diminuer ou alterer par quelque inuention que ce fust, comme encore pour remarque du miracle on le garde en l'Eglise de ladicte ville.

Est-ce point dōc vne chose du tout hors la puissance de nature que de produire du sang d'vn petit pain bien desseché? est-ce pas vn miracle, & tresgrand? voire digne qu'à son occasion nous celebrions tous les ans tres-deuotement la feste du precieux corps de Iesus-Christ comme elle a esté à son occasiō principallement instalee par Vrbain quatriesme du nom souuerain Pontife qui en depose comme tesmoin oculaire par ceste sancte institution.

 L'histoire miraculeuse qui se lit en la vie du fameux S. Gregoire est fort vulgaire, toutefois ie ne peux l'outre passer ou l'enuelopper d'vn nuisible silence. Ce S. personnage tout appresté de donner la Saincte hostie à vne femme qui cuisoit ordinairement les pains desquels il se seruoit à celebrer la saincte messe, elle tout eslancee d'vne folle persuasion souriant luy dit & quoy i'ay faict & cuit ces pains de ma main propre & tu m'é presētes comme estant le corps de mon sauueur, non, non, ie ne le recepueray point, luy adoncques, les genoux en terre, l'œil humblement releué les

C

souspirs en la bouche, & au cœur, marry de l'incredulité de ceste femme, requiert & supplie Iesus Christ, qu'il auoit entre les mains de daigner se manifester pour la conuersion de la presente & la confirmation des absents. Il fist, il est faict, ce qui paroissoit du pain, paroist de la vraye chair, ce qui estoit la chair, soubs autre voile se rend visible en la propre espece: ô miracle! elle voit, elle croit, c'est assez ramenez Seigneur, ceste apparence de pain qui restoit seule visible, de ce pain rendez le sacrement en ceste Hostie afin qu'il soit plus accommodé à nostre infirmité, dit S. Gregoire, & ainsi l'ayant Dieu octroyé, la femme communia, loüa Dieu, & se repentit disant heureux à qui Dieu fait voir ses merueilles, mais plus heureux à qui sans les voir les croit comme tres-vrayes, & tres-grandes.

Ces deux histoires tant pour leur antiquité que pour l'authorité de ceux qui en tesmoignent & la grandeur du miracle, de l'vn & de l'autre doibuét à mon aduis passer sans le soupçon d'imposture & donner quelque estayement à nostre conclusion voire dis-ie à nostre foy infaillible si besoing est, q si ce n'estoit assez nous ne manquons pas d'vne multitude presques infinie d'aussy admirables ou plus desquelles non seulement l'experience a esté, mais est encores à present en cent, & cent villes du Christianisme, & pour en parler seulement d'vn bout de langue laissant le tout pour vne autre occasion, nous toucherons celles de l'hostie sainte auiourd'huy mesme gardée & regardée à sainct Iean de Greue à Paris laquelle se preserua du feu ou quelque impie Iuif apres l'auoir d'vn caniuet tráspercee en plusieurs endroits qui coulerent le sang pur, la voulut consommer pour cacher sa detestable meschanceté, sans passer neantmoins pour en rafraichir la memoire celles qui sont à Dijon & à Bruxelles poignardées en la mesme façon & sanglantes d'vn sang coulé d'elles frais vermeil & admirable pour lequel admirer & adorer les deuots y courent à file & à foule afin de consoler & soulager la foiblesse de nostre foy humaine par les sens autrement grossiers, rebours ou refractaires aux apprehensions de l'Ame sans ceste experience de laquelle ils sont le subiect & la necessité.

Descrouurir la traine de ce tissu rapportant de celles dont les effects miraculeux ont faict que les chrestiens luy aient consacré vne Eglise à Cologne dans laquelle elle est fort religieusement gardée & adorée ou de celle qu'on a veuë fort long téps auoit forme d'vn enfant tresbenin, & autrefois de Iuge terrible, & rigoureux en la ville de Douay où elle seroit à present en l'Eglise de S. Amée reduite en sa pristine apparence de pain, ce seroit trauailler en vain, & recamer la tapisserie de Penelope veu que le nombre des Autheurs qui ont faict des volumes entiers des miracles du sainct Sacrement seroit suffisant pour empescher tout seul ma plume trop plus de temps que ie n'ay prise loing

C iij

pour ores le but de mon dessein: voye donc saint Cyprian, Nicephore, saint Bernard, saint Gregoire, Garet, F. Iacques bourgeois religieux de la tressaincte Trinite en ladite ville de Douay & plusieurs autres fameux autheurs quiconque en desirera plus grande liste quant à moy ie me suffiray si ie peux auec la verité telle que i'en ay le rapport deduire la chose faite par celle à cause de qui i'ay prise occasion d'entrer trois pas dãs le labyrinthe de ma courte memoire pour en retirer ce petit discours, discours dis-ie grossierement infirme & informe affin d'en contenter ma fantaisie qui est sa mere naturelle.

De tout temps entre les honorables tiltres, & qualitez de belliqueux attribuées aux Bourguignons celle de deuots, & affectionnez à la religion leur a esté iustement deferée par les escriuains de leurs histoires, c'est pourquoy ils ont merité de nourir plusieurs tres-grands personnages, & de iouir de la veüe de maints grands miracles lesquels pour faire place suffisante en la reste de ceste excourse à celuy qui me semble estre le dernier de tous ie laisseray à rechercher à qui en sera curieux.

Est arriué doncques en ceste année 1608 le iour de la Pentecoste en vne ville de la franche comté appellé Fauuerney distant de quelques lieues de la marche ville du Bassigny, de Ionuelle & de Vesou, que le clerc de l'Eglise s'estant oublié d'esteindre les cierges qu'ō auoit durant le seruice allumé sur chãdeliers de bois à l'entour d'vn autel, faict & preparé pour la deuotion du peuple la, cire estant consommée le feu suiuant ce qui est subiet disposé de sa nourriture sabard au bois son support le cédroye se prend aux tables de l'autel, les espred, s'eschauffe, se renforce, & sirrite en matiere de si long temps deseichée, & exhumectée, eslance la flamme a lógues traisnees, tourbillonne de lógues houpes, & crespe ses rayons ondoyans qui deça qui dela, craquille soufle, bouffit, court le haut, court le bas cy aux courtines, là aux paremés, cy à vne image cy à vne autre, & enfin s'enuelope en la rondeur du tabernacle ou reposoir dans lequel afin d'exciter plus la deuotion selon l'ancienne figure de la manne en l'arche d'alliáce on auoit mis le Sainct Sacrement de l'eucharistie, le demolit le poudroye, & abat de sorte que des-ia tout ce bastiment de l'autel se rendoit place vuide & disposée d'vn sucesseur & ia rien ne restoit que la cendre aupres de la pierre qui auoit aucunement & à grand peine resisté aux vehemets efforts de la chaleur qui la rompit en trois pieces quand voicy d'vne prouidence particuliere d'enhaut le vase de metail (reliquaire ou est vn doigt de Saincte Agate) dont la nature de soy mesme hait de s'eloingner de son centre, lors qu'il n'est retenu ou empesché d'obiects, & de supportz, destituée de tout estayement se tint coy immobile, & miraculeusement au milieu du vuide non soustenu non suspendu sinon de la toute puissante volonté du souuerain maistre des choses qui n'estant cópris de tout le pourpris du mónde estoit neantmoins sacramentairement là dedás agissant contre l'ordinaire de la nature, & empeschant que ce qui est naturellement pesant descendit ou fut agité, & que l'hostie sacrée, dont les accidents sont fort susceptibles du feu fut endommagee par les pointes eslancées, & refleschies de cest element qui auoit comme il est probable coloré de sa couleur, & presque liquefié le vaisseau qui la contenoit. Que diray-ie plus toute ceste rauines estant passée sans le sçeu de personne iusques apres l'etier demolissement de tout ce q dessus, les premiers spectateurs estonez courét ça, courét la, aduertissent le curé, aduertissét les voisins, chacũ y accourt, chacun admire, procés verbal est dressé le temps, & les accidents de l'accident fort specialement remarqués, & puis en fin apres lespace de plus de trente trois heures, s'estant vn prestre venu d'vn village voisin auec procession assistée de deux Peres capucins mis en estat, & en debuoir de celebrer, alors de la consecration voiey que sans aide d'hommes ou de chose aucune visible le sacré vase descend sur vn autel portatif qu'il fit asseoir expressement en la place mesme, de celuy que le feu auoit destruit, & mis en cédre a la veüe de toute l'assistance qui estoit d'vn nombre presque sans nombre louant Dieu hautement, & affectueusement qui luy faisoit voir auec tant de priuauté les merueilles de sa toute puissance, & prendre experience de la verité du tressainct, & tres auguste sacrement de l'autel lequel a confondu ses aduersaires, & ses haineux par ses admirables effects.

Voila donc dequoy repaiſtre les curieux, & nouueau-
té voila dequoy faire admirer des fideles, & dequoy abat-
tre les ennemis de l'Egliſe leſquels ſi cela dicte reſemble-
ble que ceſte narratiõ mienne eſt vn conte faict à plaiſir
mais la veuë, & l'adueu de plus de dix mille hommes qui
ont veu, & conſideré le miracle ſur le lieu mat inſt? ou il
eſtoit viſible, le rapport, & recueil arreſté des officiers
de iuſtice de là, & d'alſtour porté à Rome, & la declara-
tion du reuerendiſſime Archeueſque de Bezançõ l'affluë-
ge du peuple qui touſiours depuis y accourt des ruines
reparées, & la poſſibilité de la choſe fondée en la toute
puiſſance du ſouuerain, pourront garder ma plume aſ-
ſez aiſement de ceſte maudite glut, & tache de meſdi-
ſans.

De douter au reſte ſi cela a eſté faict par l'operation
de Dieu ou du diable il s'en trouuera peut eſtre quelques
vns qui n'en feront point de difficulté comme aymantz
l'exaltation de celuy qui les poſſede ou obſede plus que
de celuy à qui voulants ou non ils doibuent la vie la
croyance, les biens & le comble de leurs actions,
mais à tels reſueurs faut reſpondre que les miracles
que le diable peut faire ſont principalement de
les ſeduire ſuborner, & empeſter de ſes fadaiſes & ja-
mais en toute autre choſe par deſſus les cours de la nature, que s'il fait quelque choſe d'admirable il n'en peut eſtre que la cauſe ſeconde car la premiere eſt Dieu ſeul
duquel il depend, & en la permiſſion, & en l'action que
s'il opere approchant du miracle Dieu l'aura permis
pour qurlque bien ou punition de quelque crime ſinon,
quel accord de chriſt à Belial? du createur à la creature
ſeroit-point trahir les ſiens ſi Dieu permettoit au diable de ſe iouer ainſi de ſon Egliſe voire en vn miſtere
qui peut tant porter de coups au detriment de la foy que
la ſaincte Euchariſtie? c'eſt chreſtiens & deuots pour
voſtre conſolation c'eſt pour l'affermiſſement de voſtre
foy c'eſt pour vous armer contre les aſſauts des hereti-
ques qu'il a operé ces merueilles car quand bien Dieu
n'euſt empeſché le feu d'agir au ſubiect preparé comme
de fondre le metail ou l'eſchauffant corrompre les eſpe-

ces ou au moings laisser courir à son repos contre terre la pesanteur du vase personne n'eust esté dauantage infirmé ou esbranslé en sa croyance veu que chacun sçait que la pesanteur cherche le centre, le metail cede à la force du feu, & que le pain est creature corruptible comme toute autre d'abondant q̃ la consecratiõ qui faict la reelle presence du corps de Iesus-Christ en la saincte Eucharistie n'empesche si ce n'est extraordinairement les accidents qui restent apres la transsubstantiation de se corrompre selon l'occurrence, la dispositiõ, & le tẽps bref que la ou il à daigné faire monstre de tout ce qu'auons narré au rebours du naturel ça esté pour nostre bien, & affin que chantions tous à sa louange auec Dauid.

A domino factum est istud, & est mirabile in oculis nostris. A dieu.

www.ingramcontent.com/pod-product-compliance
Lightning Source LLC
Chambersburg PA
CBHW070446080426
42451CB00025B/1938